晴也好 雨也好 活在當下

京都佛光寺之八行標語

佛光寺／著

上旬「念仏の生活」
福井 護城一我師
中旬「親鸞聖人のご生涯 ―越後の聖人―」
中国 藤不光紹師
下旬「正信偈に学ぶ」
新潟 花井性寛師
おこられちゃった
あの人は私を
怒ったの
叱った
怒ると叱るは
大ちがい

怒るは易い激しさ
叱るは厳しい優しさ

目次

佛光寺

位於京都市下京區的真宗佛光寺派本山。親鸞聖人返回京都後，在山科結草廬草創而成。佛光寺具有八百年以上的歷史，有 390 所遍及日本全國的末寺（注：相對於本寺，末寺指別院）。自 1968 年起，佛光寺為佛法生活化，現在，其設置於境內南側牆上的黑板，每個月均會更換公告在上面的八行標語（現可於官網首頁觀看）。

真宗佛光派 本山 佛光寺

官網 http://www.bukkoji.or.jp/

攝影 / **田附愛美**（Tazuke Manami ）

生於京都府。自嵯峨美術短期大學畢業後，曾任職攝影工作室。之後前往東京，做過兼職攝影助理，2005 年獨立後廣泛活躍於書籍、web、助理攝影、家族攝影等領域，現在以關西為據點持續活動中。

インスタグラム

@_manamih

https://www.instagram.com/_manamih/

前言

我們寺院每天接觸眾多的信徒。大部分的信徒有著各式各樣的煩惱與痛苦。不論是工作、家庭、生病、經濟上的煩惱與痛苦，不勝枚舉。人只要活著，絕對不輕鬆，種種煩惱與痛苦也會逐漸在生活中體現。任何的不安、煩惱、無止境的欲望，均使我們陷入迷惘之中。

佛教有句話，「自是他非」。意即我們很容易認為，自己始終是對的，不幸的原因均來自外在。總是以自己的角度、自我價值觀來看待世界。若對方不接受自己的觀點，就要勉強對方認同。如此一來，痛苦不但不會消失且會更加深沉。這時，該如何是好呢？

打開經書，首先教會我們的，就是要接受事實。一味向外探求痛苦、煩惱、迷惘的緣由，當然找不到答案。若能著眼於引起苦惱的根本所在，從接受問題開始，自然就能找到答案。

話雖如此，相信還是有許多人一知半解、甚至不知該如何是好。經書難懂，以致不易直接傳達給人們。因此，我們佛光寺將經書所賜予的生活啟示轉換成為日常用語，並彙整成簡短的話語，那就是揭示在寺門前的八行標語。

「佛光寺」是真宗佛光寺派的本山，位於京都市下京區高辻通的寺院。承蒙各位信徒及來自各方人士的支持，佛光寺約歷經八百年而得以發展至今日的盛況。

標語的初衷，就在宣揚佛法。本寺有段時期，經常在門前公布標語，目的就在於向信徒以及路過行人傳達佛陀的教義。

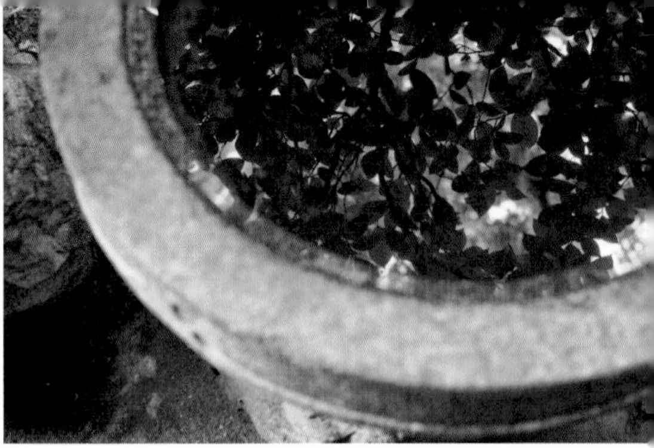

大約在五十年前，本寺的標語發展成現在的八行形式。配合時代的潮流，揭示了跨越年齡、性別、宗派的隔閡，足以令人產生共鳴的標語。現在，每月的標語皆綜合八名30歲到60歲的男女僧侶的意見來決定。

對我們佛光寺而言，標語的製作長年以來已成為一種慣例。但二〇一四年，因某一標語的機緣，本寺竟成為全國矚目的焦點。

原本要一個月　才收到信的回覆
有了電子郵件　只需一週
有了LINE　只需一小時？
人們卻變得無法等待　好忙碌啊

路過標語前的某位人士，將此拍成照片，上傳至推特後，收到了2萬5千筆以上的回覆。連報紙、電視台都前來採訪，

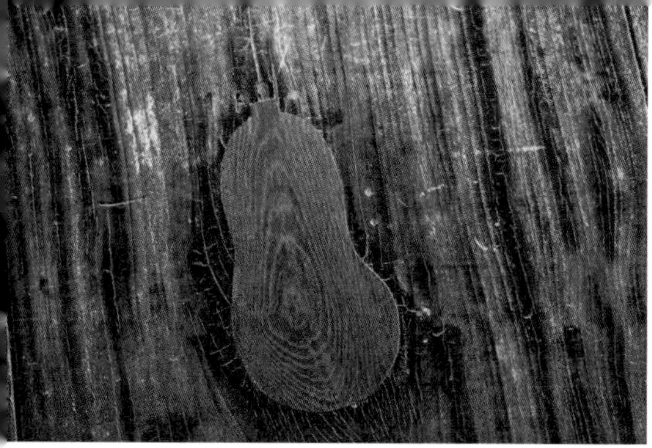

使本寺以「標語的佛光寺」，一舉成名。

儘管隨著網路時代的資訊傳播令我們不知所措，但本寺十分高興標語能獲得大家的共鳴。

藉此機緣，本寺將過去60則以上的標語彙整成一本書。

佛光寺的標語並非教大家要這樣做、做這樣的改變。而是藉由簡短的話語，闡明人生的各種苦惱，希望大家能因此頓悟而得到救贖。所謂的經書，本來就是這樣的寶典。

儘管事實不變，但藉由與標語的邂逅，「我」所站的位置改變了。因此，世界也隨之改變，而能踏出新的步伐。當內心受挫、傷心或感到困惑時，若能因觀看本書而獲得重新面對自我的時間，我們會深感榮幸。

二〇一五年七月　佛光寺

察覺

気づき
11

突然
察覺
踩踏過的
地面
不論何時
那裡
都是
起跑線

哭也好
笑也好
手忙腳亂也好
逃也好
躲也好
只要是
發生的事物
都說聲「歡迎」

在人生的
旅程中
時不時
會遇到的
悲傷
會比幸福
更加
刻骨銘心

誠如
落葉
會滋養
土地般
覺得
無用之物
也能
培育心靈

隨著人生的
閱歷增加
若能察覺
沒什麼是
解決不了的
道理時
就能不後悔
全力以赴

當你了解
握拳揮舞拳頭
握手言和
全在
自己的
一念之間
就會
雙手合十

所謂的貧窮
並非
欠缺物質的狀態
而是內心
無視於
已獲得之物
只關注於
未獲得之物

いろは
漫画
度帖
おしゃれ
粋に華やかに、麗しく
項羽と劉邦の時代
地図の想像力
中国の秘密結社
大清帝国
永楽帝
イスラム・ネットワーク
ヴェトナム 歴史の旅
纏足をほどいた女たち
メキシコ革命物語
父 パードレ・パドローネ
中国の海賊
東南アジアの少数民族
インド文明とわれわれ
比較社会学の基本
裸の隣人たち
タイ
等身大のアジアを知る
ビルマの少数民族
アジア交易圏と日本工業化 1500-1900
ブータン
大清帝国と中華の混迷
シンガポール 海峡都市の風景
東南アジアの三輪車
ビルマ民主化運動 1988
マレーシア～多民族社会の構造
アジア史からの問い
アジアの女性指導者たち
現成公案意解
法然と頼朝
豊かな心を生きる
日本語でお経をつくった僧侶の物語
禅とは何か
天台の流伝
親鸞始記
白隠禅師 坐禅和讃法話
梅原猛「森の思想」が人類を救う
仏教の心を語る
美術館いま
力の限界
心が疲れたとき読む本
謎の石仏
空海の企て
禅語にしたしむ
宇宙のまなざし
八幡様のすべて
アミダ仏と浄土経
観音さま入門
地蔵さま入門
不動さま入門
臨済宗
お墓の謎と常識
「律」に学ぶ生き方の智慧
生物学者と仏教学者 七つの対

所謂的幸福
並非處於
不發生
問題的狀態
而是
不斷遇上
會將我自己的人生
燃燒殆盡的問題

無須
執著於
無論如何
也辦不到的事
晴也好
雨也好
獲勝也好
失敗也好

依賴

頼る

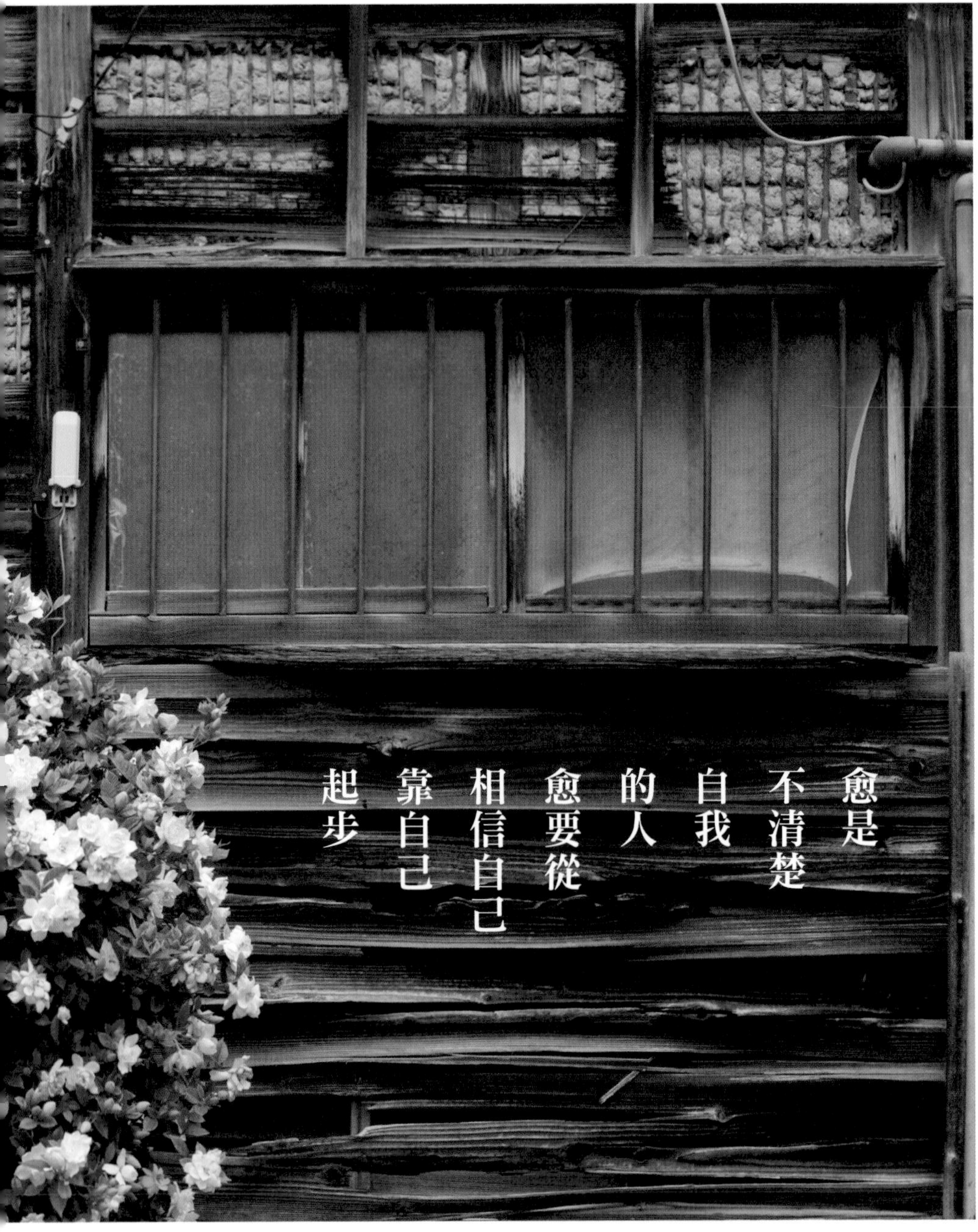

愈是
不清楚
自我
的人
愈要從
相信自己
靠自己
起步

積善
有時是會
迷失自我
觸惡
有時是會
令人覺醒
於善於惡
皆有所報

辛勞工作
一詞
適用於
普羅大眾
若用於
自己
只不過是自誇
或僅僅是藉口

鐵鏽
由鐵生成
使鐵
腐朽
抱怨
來自於人
令人
腐朽

歩行者
自転車 専用

在期待
落空的
不滿中
會逐漸
看清
有所期待的
不被期待的
自己

凡事
順他人
之意
漸漸
就會變得
自己
無法順自己
之意

即使
看得見
眼前的
小幸運

也看不見
背後
莫大的
恩惠

不該
如此的
想法
往往
背離了
事實
內心要
接受事實

藤

靠努力
雖然無法
解決事情
但若能
處事明快
就能
無所顧慮的
持續努力

揮汗流淚
生存下來
拚命的
生存下來
忽視外在環境
生存下來
忘我的
生存下來

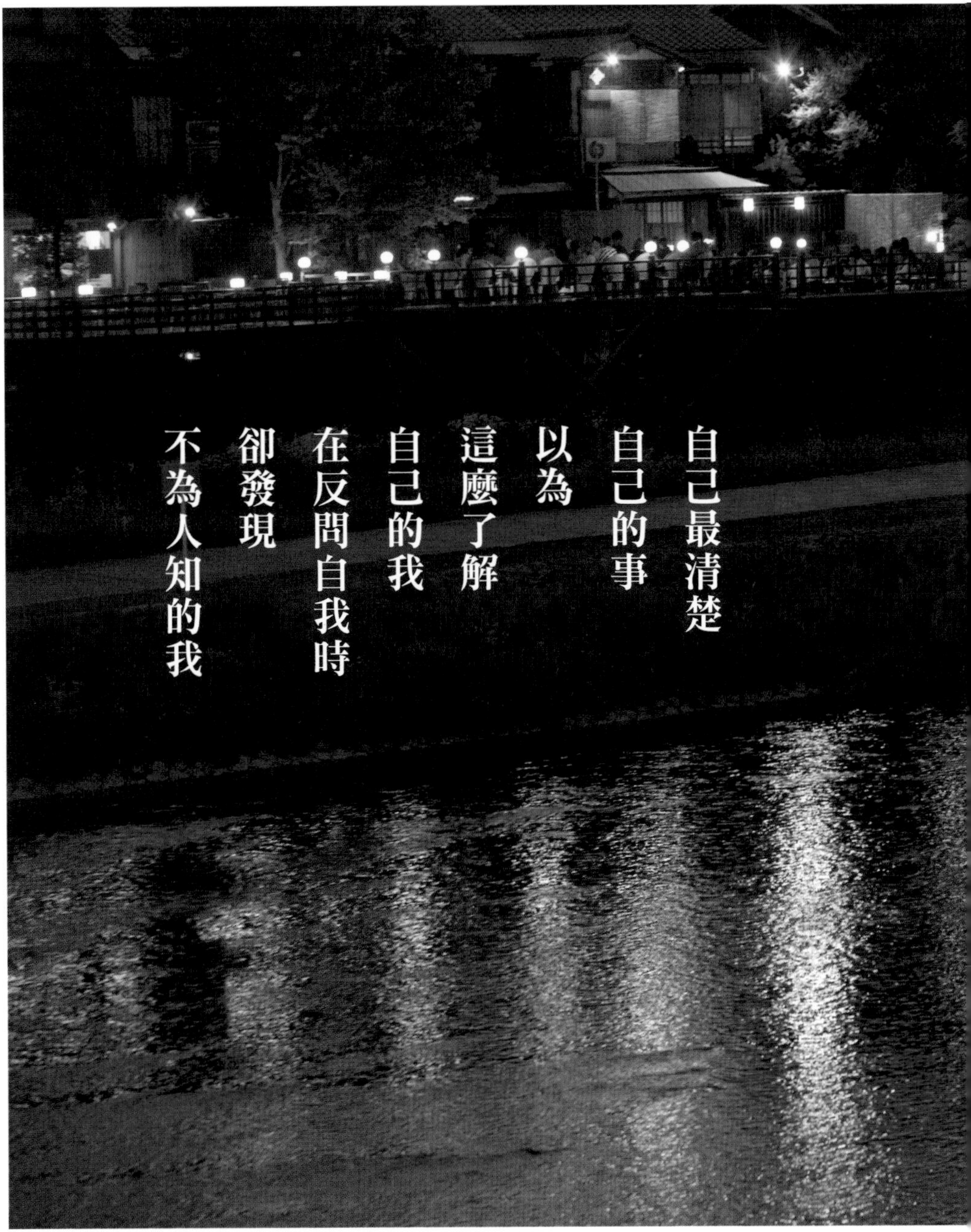
自己最清楚
自己的事
以為
這麼了解
自己的我
在反問自我時
卻發現
不為人知的我

困惑

迷い
51

不合時宜之雨
及時雨
同樣是
下雨
依自己的
想法
感受卻
大不相同

透過
遇見的人
遇見自己
否則
無趣的老師怎會
遇上惱人的學生
囉嗦的上司怎會
遇上機靈的部屬

原本要一個月
才收到信的回覆
有了電子郵件
只需一週
有了ＬＩＮＥ
只需一小時？
人們卻變得無法等待
好忙碌啊

有生了病
才知道的
健康
也有不知道
病痛的
健康
還有忘了要
維持健康的健康

若說
健康最重要
生病的人
情何以堪
無論健康或生病
皆該坦然面對
天賜生命的
寶貴機緣

希望
花開早點
希望
花開長久
不論我的想法
如何
花照常開
花照常謝

損或得
善或惡
完全
依我的想法決定

唯一只有
這樣就「好」
是我
決定不了的

正因為
無法屏除
外求原因的
苦惱
所謂的人類
就是
自尋煩惱的
生物

所謂的
盡可能
與煩惱
共存
意味著
煩惱
早已
存在

古書高価買取
加盟店
20世紀に輝く
文化人の書
小倉百人一首
永

一無所有
一無所有
一旦開始這樣計算
就滿足不了
什麼都有
什麼都有
一旦開始這樣計算
就能獲得滿足

真正的
幸福
總在
意想不到的地方
瞧！
這裡也有
那裡也有
遠處也有

生命

いのち
73

談論
生命重要的人
很多
然而
察覺
生命浪費的人
卻
很少

生命
並非是
浪費掉了
而是
對待生命的
態度
太過於
草率了

反正
終歸一死
如此想時
就會
了無生趣
儘管是
難能可貴的
生命

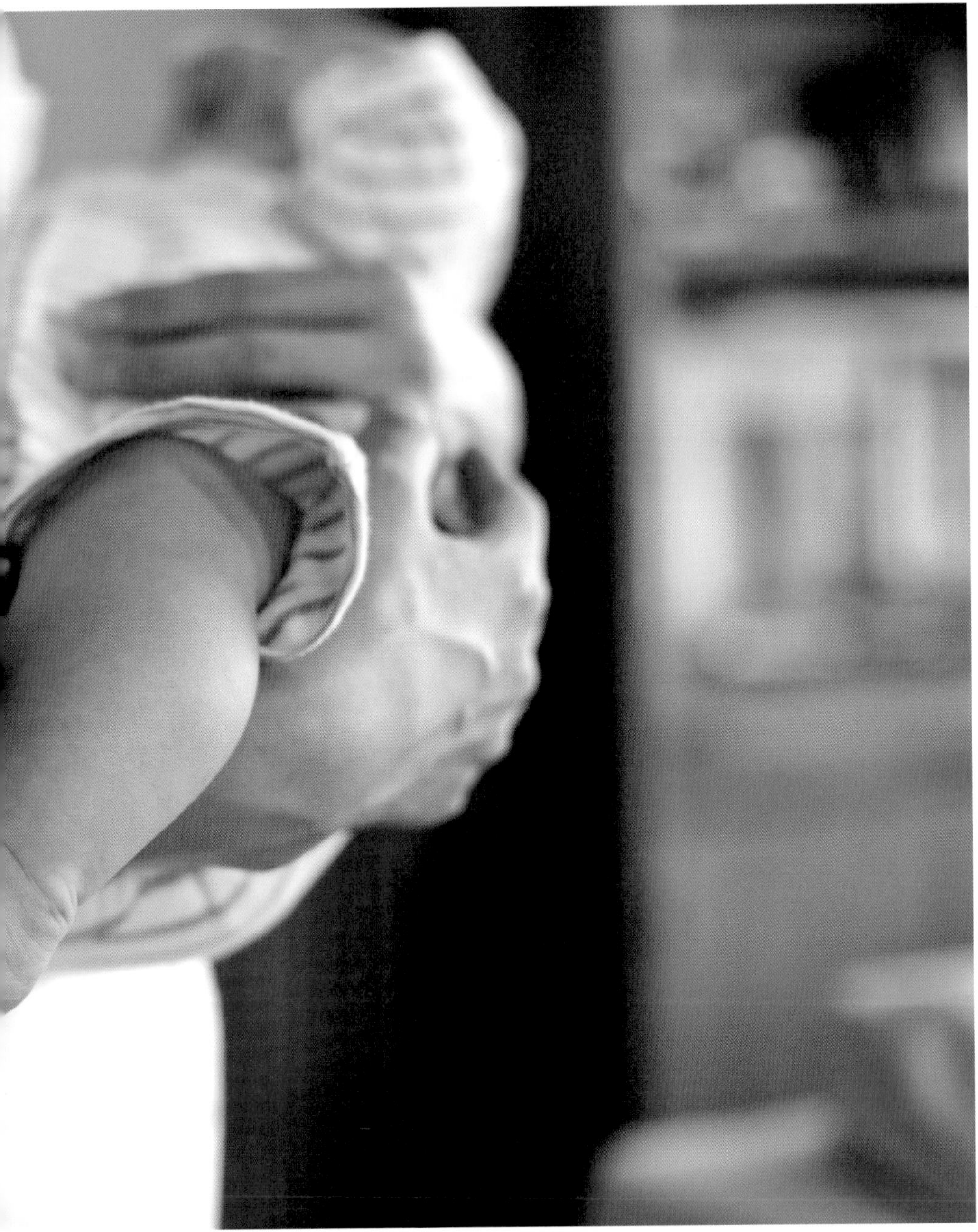

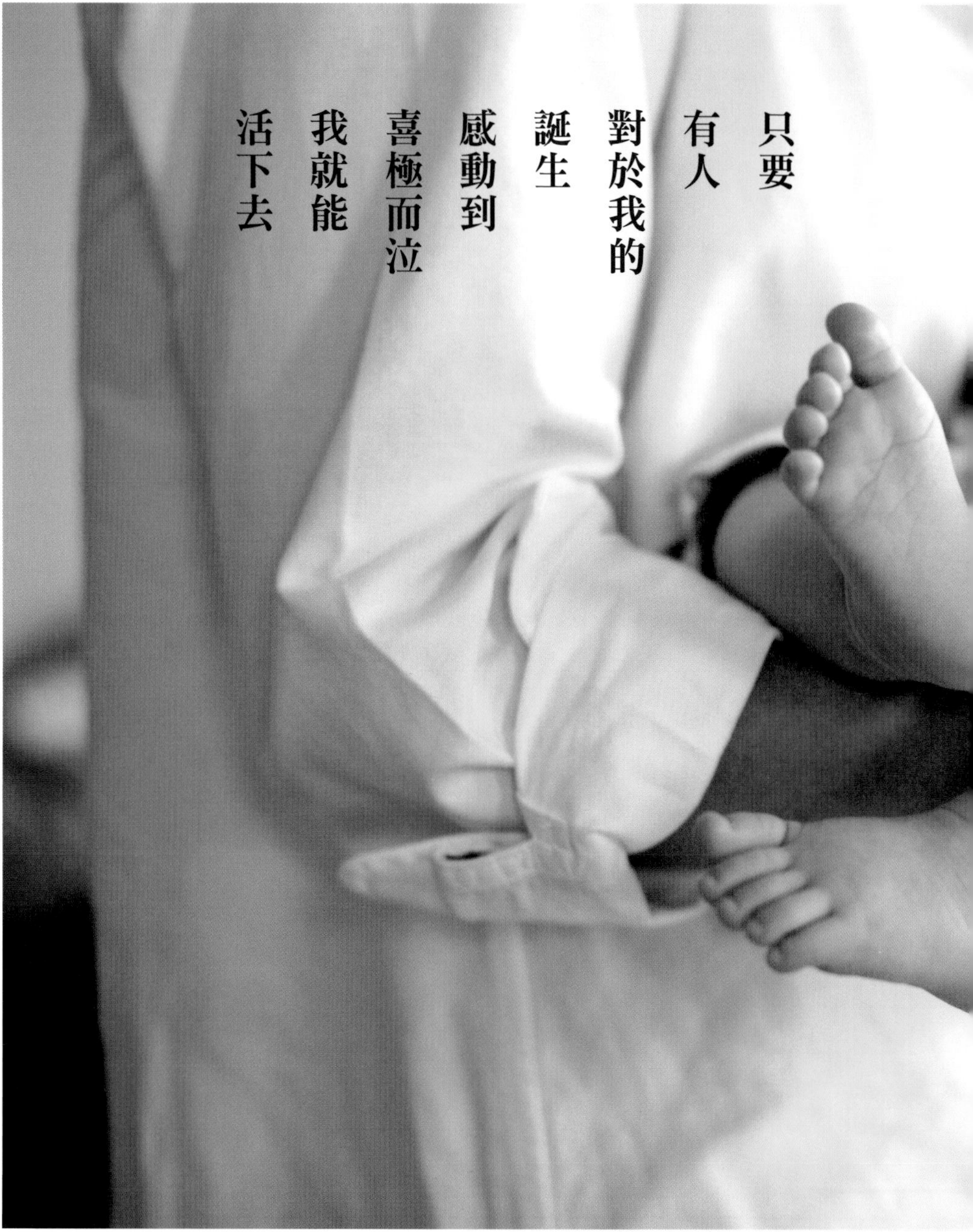
只要
有人
對於我的
誕生
感動到
喜極而泣
我就能
活下去

覺得
自己是獨活著
難免會
滿腹牢騷
若能明白
是活在
彼此關照中
便會心存感激

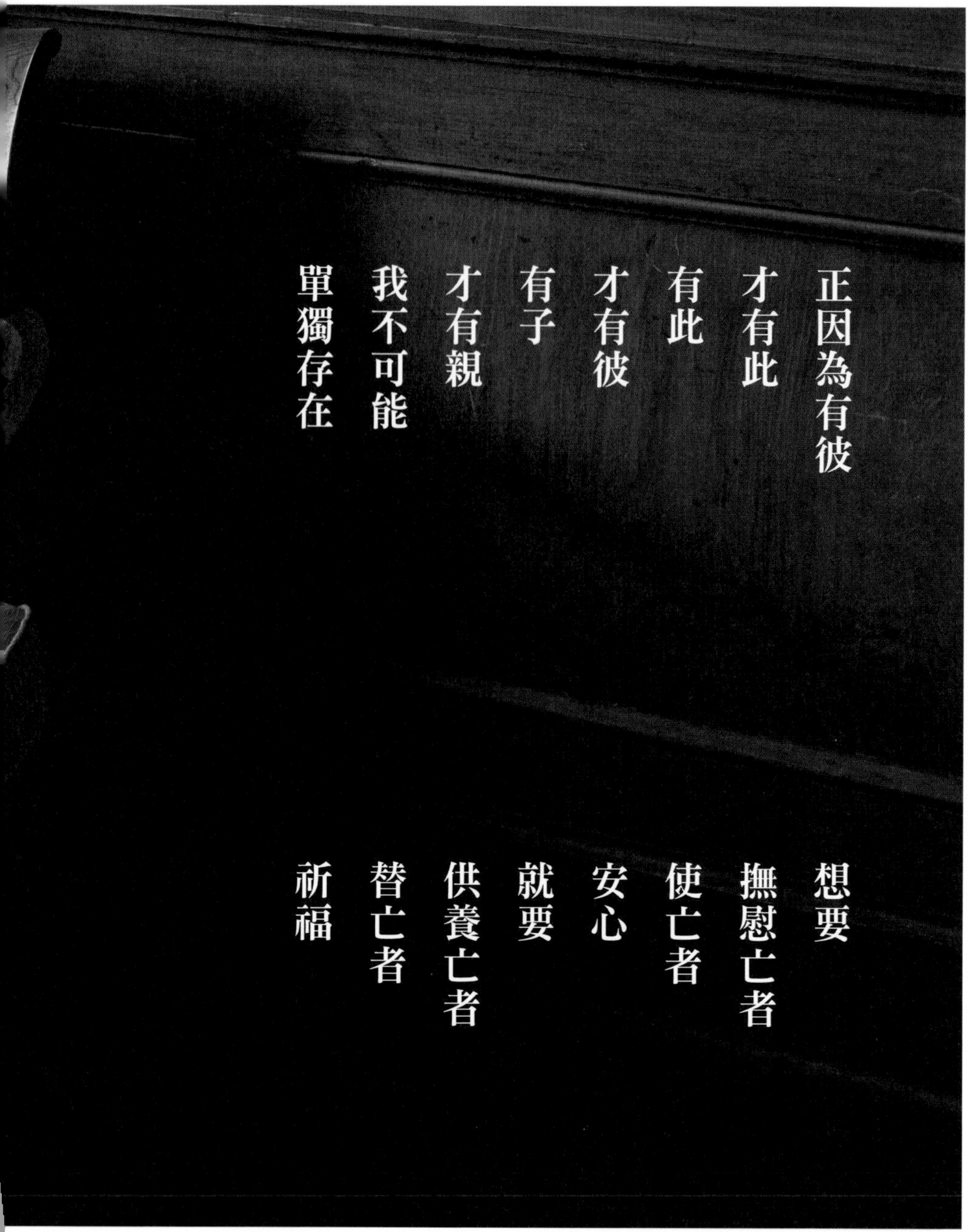

正因為有彼
才有此
有此
才有彼
有子
才有親
我不可能
單獨存在

想要
撫慰亡者
使亡者
安心
就要
供養亡者
替亡者
祈福

お茶所

原以為是
我有
機緣
其實是
所有的
機緣
造就了
現在的我

曼珠沙華開花了
即使
人們無視於它
它還是拚命的
開花了
人為了成為人
竭盡全力的
活著

儘管是
重新來過
重生
也改變不了的人生
但從現在起
從此刻起
仍有
能走的路

重要的
不是
活過了幾年
而是
如何活著
現在
立刻
邁開腳步

希望

希望

91

背負
全新的
書包的
那個身體
所承載的
祈願
如今仍在
我身上

薰風
吹拂的
五月
游動的
鯉魚旗
是
逆風
飄揚著

窮途末路
源自
自我行為
萬般苦惱
源自
自我思維
一切
都是自做自受

離別
乃是
全新邂逅的
轉捩點
內心
懷著不安
踏出
一步

不給人添麻煩
不想給人添麻煩
不得人幫助
不想得人幫助
如此的我
生時也好
死時也好
萬般皆自在

人會
厭惡衰老
害怕生病
但
若無法
坦然面對死亡
就無法
坦然面對生活

一時預り

生命有盡時
希望卻無窮
不論何事
都要多努力五年
若全力以赴
可再多努力十年
若以命相博
可再努力一輩子

想遺忘的事
如山之高
遺忘了的事
數不勝數
不只是我
任何人
都有如此
不自知的一面

若無
照見自我的
機會
就這樣出生
就這樣活著
就這樣死去
這一生
就白來一遭

我覺得
如今
在這裡活著
很不可思議
那麼
比這更加
不可思議的
在何處

焼ポン栗
錦
加盟店
京丹波
栗ポン
しました。

所謂的
知恩
無非
就是感懷
那些
無數
支持著我的
生命

人生
有種種因緣結緣
清晨
花兒迎風初綻

散落了的
葉片也好花瓣也好
世間萬物都為了今天
我也為櫻花般絢爛而活著

任何人都不可取代
人人都有存在價值
正因為各有存在價值
所以各自閃閃發亮
紅花是紅的
青花是青的
我之所以為我
那就很棒

所謂的「餘生」
並非
剩下的
人生
而是
徹底接受
接踵而來的
人生

活著

生きる

生於
人世間
固然
很困難
然而
生而為人
更加
困難

專心一意
會有所發現
身無一物
會走出一條路
這也有
那也有
其實是一無所有
什麼都做不到

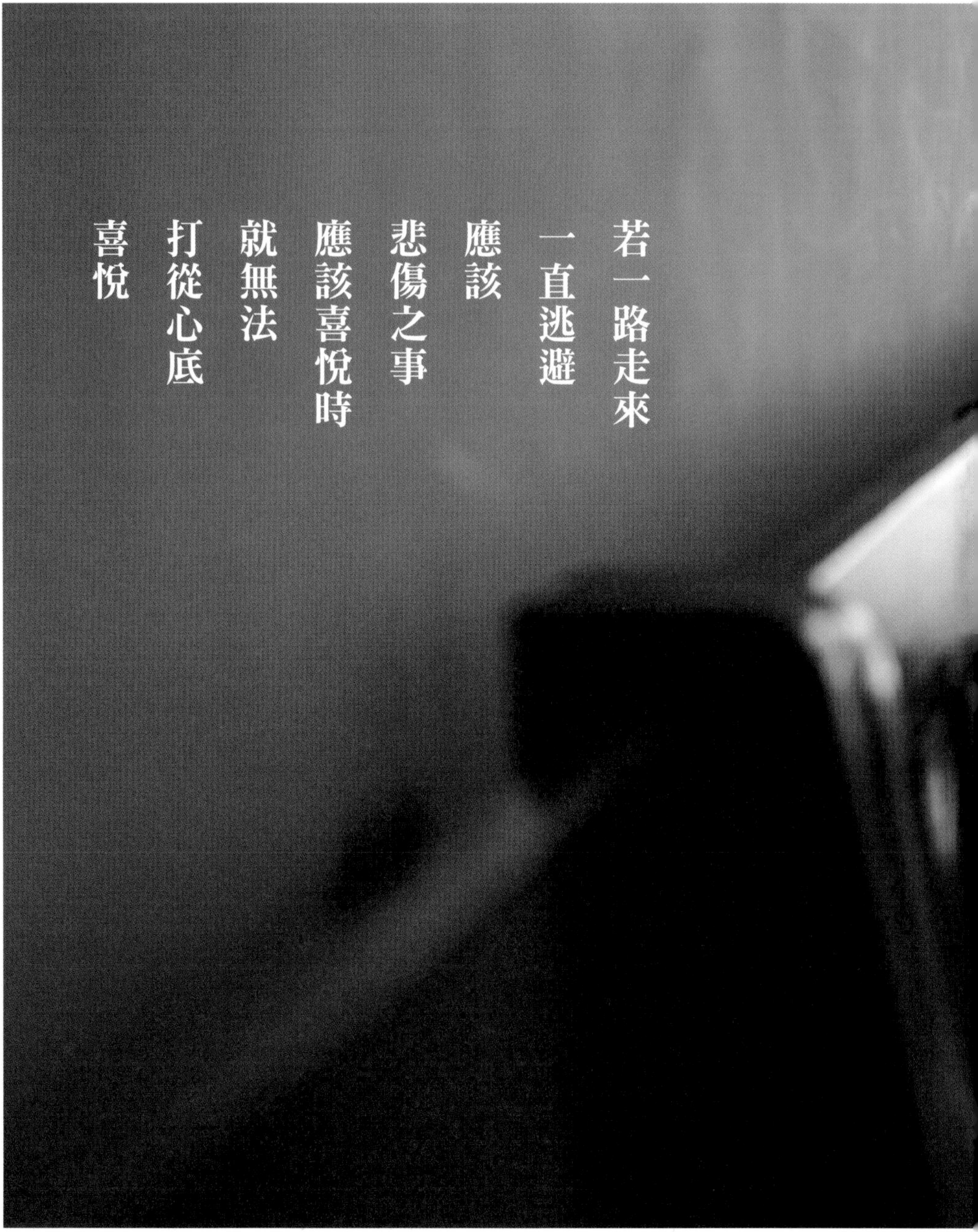

若一路走來
一直逃避
應該
悲傷之事
應該喜悅時
就無法
打從心底
喜悅

所謂「救贖」
並非答案
而是
發現問題
答案會
斷定你的人生
問題會
推著你的人生向前走

抵達
山頂的路
很多
然而
我所爬的
山路
只有
一條

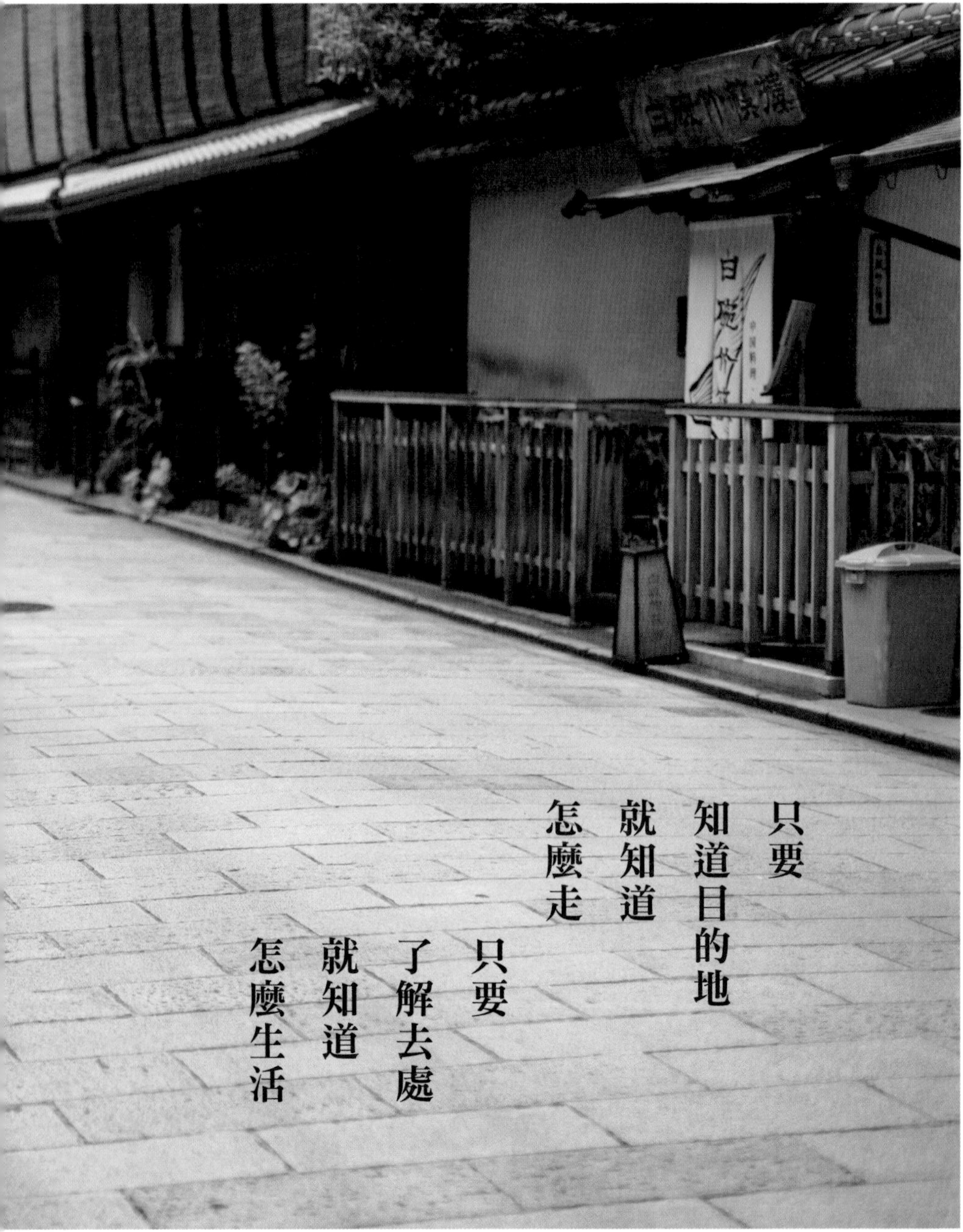

只要
知道目的地
就知道
怎麼走

只要
了解去處
就知道
怎麼生活

魚悠游水中
鳥翱翔天際
皆
不留痕跡
能有作為
了無遺憾的
人生
真的很棒

若能發現
慶幸
我之所以為我
重新思考
這個道理
這樣的
人生
就值得了

我這一生
如願的
活著
充滿驚奇的
度過
若能
再重生一次
我這樣就很好

是僅限
通行一次的
單行道
任何人都
無法取代的
這一生已然
被守護被照耀
熠熠生輝

結語

對你而言，幸福是什麼？你想如何度過日常生活呢？舉例來說，財富自由，或許可以說是人生的一大目標之一。工作有成就、高收入，看似是人生成功的方程式。

然而，我們每天遇到不同的信徒，從他們的話語中可以發現，有錢就是幸福，人生的定論並非如此單純。

即便我們退一步承認，擁有財富，是成功人生的標準，但日常總能讓我們領悟，這樣的標準，未必與幸福有關。

住豪宅、有錢得幾乎樣樣都唾手可得，但總是不滿足，不滿足的富豪，比比皆是。然而也有人，儘管住在小小的公寓，卻對自己擁有的很少不滿，過著心靈富足的生活。

結論就是，我們所擁有的量、內容，是無法衡量幸福感。不只物質上如此，上好的大學、到大企業任職，是否此後人生就幸福了，其實現在我們都領悟到那是未知數。

生病也是如此。當然沒有人希望自己生病，但也有人是透過生病，重新省思，透過新的偶遇，奠定自己該走的路，從而過著幸福的人生。

當然，人持有野心、希望、目的的活著，確實很重要。進入好的大學，不久後成為醫生，或是和很棒的人相遇後結婚，朝這樣的目的努力，也可說是一種生存的動力。不過，萬一無法達成這樣目標時，也會有你該有的新去處或幸福。

真正的　幸福
總在　意想不到的地方
瞧！這裡也有
那裡也有　遠處也有

抱持目的、祈願幸福是好事。不過，即使無法達到這點，也請不要絕望。

我們的人生，並非只有快樂的事。會有許多不擅長的事，也會失去重要的人。當遭遇無法預期的境遇時，我們會驚慌失措。

為了深陷如此苦惱的人們，解決之道就是念佛。「交給彌陀吧」，就是呼籲大家以念佛的形式到達佛的身邊。彌陀就是所謂的阿彌陀佛，一直能支持我們，使我們的生命充滿光輝的佛。當這樣的祈願得以實現時，就能使你的人生，從封閉的幽暗中邁向光明。

重要的人逝去，往生之人已無法復活，這是無法改變的事實。然而，藉由不斷聽聞佛陀的教導，當我們能更靠近佛陀時，就會發現一些以往我們以為正確的看法，其實全然是錯誤的。

而當我們能感悟到，不只是悲傷的事實、連沉浸悲傷中都具有教化的意義時，我們就能往前邁步，而更廣闊的世界就會開展在眼前。

你是如何出生來到這世上的呢？若上溯十代，你的生命就與一千零二十四位祖先相關，只要缺少其中任何一位，都不會有你的誕生。相田光男在〈輪到自己 生命的接力棒〉詩中，如此寫道：

「現在 在此處 輪到自己 活著」

你接到很多的接力棒，正拚盡全力奔馳中，在很多人的相助下活到現在，你絕對不是獨自一個人。

我們因緣際會的互相結緣，在「緣起的法則」中活著。這緣分並非你出生後才產生的，而是從你出生前就與父母結緣，所以才來到這世上。上溯十代的一千零二十四位的祖先，都在為「現在活著的你」加油。

如何？請你度過你的幸福人生。衷心希望本書能幫助到你。

佛光寺的歷史

親鸞聖人被流放到越後國，在獲赦免的隔年，建曆二年（一二一二年）回到京都，於山科之地結草庵。據說，該草庵就是佛光寺的草創之地。當初作為開闢淨土真宗的本山，稱為「興隆正法寺」。此後，第七代住持了源上人在東山建造御堂之後，因豐臣秀吉之命，在現址增建了寺院。

當時，寺院的香火鼎盛。具有「興盛繁榮正法」意義的「興隆正法寺」之所以成為「佛光寺」，因流傳著這樣的奇聞逸事。

某天，寺院發生了本尊與法寶物被盜的事件。當天夜裡，第九十六代後醍醐天皇夢見「東南方射入一道光」。發光場所，竟然出現了被盜走的阿彌陀如來像。與殘存在寺院裡的蓮座與木雕像的腳座完全一致。從此，天皇就賜予「阿彌陀佛光寺」的寺號，簡稱為「佛光寺」。

了源上人，將淨土宗從關東擴大至西日本一帶。他以所謂光明本尊、繪系圖（注：以阿彌陀佛名號為中心，周圍描繪佛菩薩或淨土宗祖師像的曼荼羅式繪圖，代表淨土教的傳承。）的視覺傳教等手法，運用符合生活在當代的人們的方式來推廣佛法。傳承著如此用心傳授教義的教派潮流，在現在佛光山所公告的標語中，因應網路時代，也融會網路現代用語。此一不局限於佛教世界觀的詮釋表現，深深觸及煩惱的現代人之心弦，擴大了共鳴範圍。

晴也好 雨也好 活在當下

京都佛光寺之八行標語

作　　者／佛光寺
譯　　者／夏淑怡
美術編輯／方麗卿
責任編輯／夏淑怡
企畫選書人／賈俊國

總 編 輯／賈俊國
副總編輯／蘇士尹
編　　輯／高懿萩
行銷企畫／張莉滎・蕭羽猜・黃欣

發 行 人／何飛鵬
法律顧問／元禾法律事務所王子文律師
出　　版／布克文化出版事業部
台北市中山區民生東路二段 141 號 8 樓
電話：(02)2500-7008　傳真：(02)2502-7676
Email：sbooker.service@cite.com.tw
發　　行／英屬蓋曼群島商家庭傳媒股份有限公司城邦分公司
台北市中山區民生東路二段 141 號 2 樓
書虫客服服務專線：(02)2500-7718；2500-7719
24 小時傳真專線：(02)2500-1990；2500-1991
劃撥帳號：19863813；戶名：書虫股份有限公司
讀者服務信箱：service@readingclub.com.tw
香港發行所／城邦（香港）出版集團有限公司
香港灣仔駱克道 193 號東超商業中心 1 樓
電話：+852-2508-6231　傳真：+852-2578-9337
Email：hkcite@biznetvigator.com
馬新發行所／城邦（馬新）出版集團 Cité (M) Sdn. Bhd.
41, Jalan Radin Anum, Bandar Baru Sri Petaling,
57000 Kuala Lumpur, Malaysia
電話：+603- 9057-8822　傳真：+603- 9057-6622
Email：cite@cite.com.my
印　　刷／韋懋實業有限公司
初　　版／ 2023 年 04 月
定　　價／ 340 元
ISBN ／ 978-626-7256-39-8

城邦讀書花園 www.cite.com.tw　布克文化 WWW.SBOOKER.COM.TW